Zahlen-zauber 1

Arbeitsheft

Herausgegeben von
Wolfgang Gierlinger

Erarbeitet von
Bettina Betz, Ruth Dolenc,
Hedwig Gasteiger, Wolfgang Gierlinger,
Petra Ihn-Huber, Ursula Kobr,
Elisabeth Plankl, Beatrix Pütz
und Markus Wörle

Illustriert von
Mathias Hütter

D1725992

Oldenbourg

.... Inhaltsverzeichnis ....

Versteckte Zahlen

❶ Suche die versteckten Zahlen. Spure sie farbig nach.

0	
1	
2	
3	
4	
5	
6	
7	
8	
9	

0	1	2	3	4	5	6	7	8	9
0									

❶ Wie viele sind es? Zähle und trage das Ergebnis in der Tabelle ein.
Erzähle zum Bild.

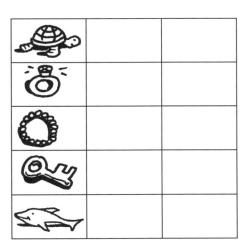	|||| ||	7

1	1						
2	2						
3	3						

Zählen und aufschreiben
im Zauberwald

❶ Male.

5 ☆	7 🌷	3 🐦	8 ♡
☆ ☆ ☆ ☆ ☆			

⊪⊪ I 🍎	⊪⊪ I 🐟	I ☀	⊪⊪ ⊪⊪ I 🍄

❷ Kreise ein.

Immer 6	Immer 5

Immer 4	Immer 8

❸ Schreibe.

4	4
5	5
6	6

❶ Verbinde.

❷ Zähle mit einem Blick.

❸ Verbinde und schreibe.

Im Zwanzigerfeld:

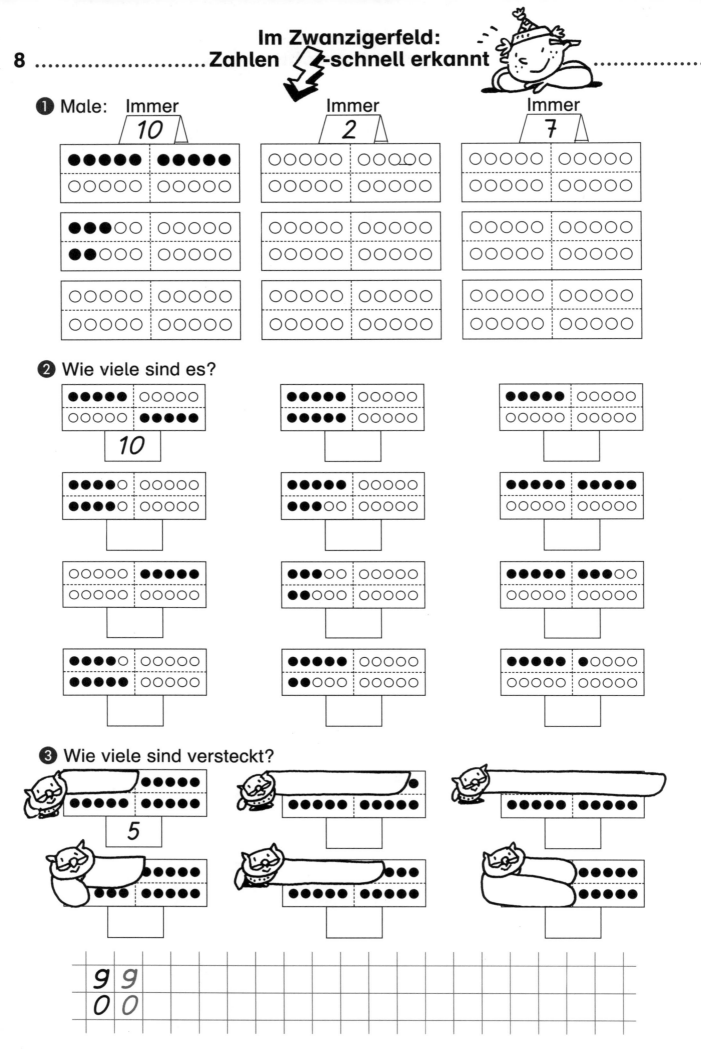

❶ Male: Immer 10   Immer 2   Immer 7

❷ Wie viele sind es?

❸ Wie viele sind versteckt?

❶ Schöne Zahlen

Schreibe die Zahlen auf.

| 0 | 1 | | | | | | | | | |

❷ Schreibe schöne Zahlen.

0	0									
1	1									
2	2									
3	3									
4	4									
5	5									
6	6									
7	7									
8	8									
9	9									
1 0	1 0				

❷ Trage hier deine schönsten Zahlen ein.

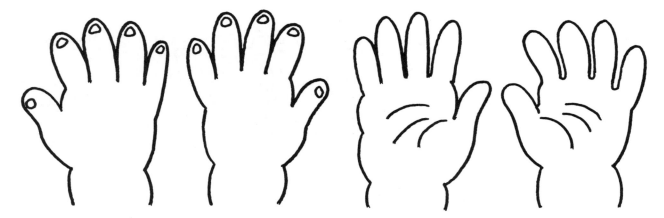

❶ Male an: linke Hand blau, rechte Hand rot.

❷

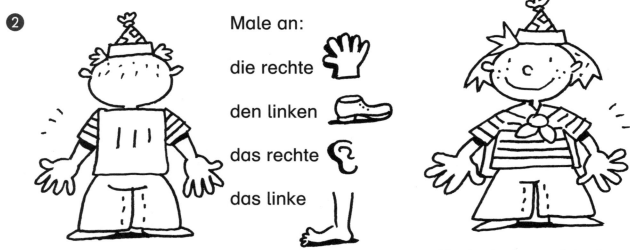

Male an:

die rechte 🖐

den linken 👞

das rechte 👂

das linke 🦶

Und wie ist es hier?

❸ Welche Farbe kommt als erste an?

Welche Farbe ist jetzt vorn?

Nimm für jede Kugel eine andere Farbe!

... und jetzt?

❶ Setze die Zahlen ein und vergleiche mit >, =, <.

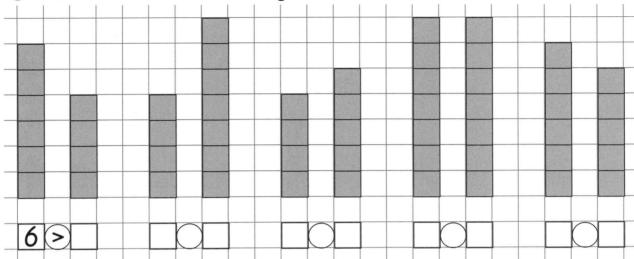

6 > ☐   ☐ ◯ ☐   ☐ ◯ ☐   ☐ ◯ ☐   ☐ ◯ ☐

❷ Zeichne und setze ein.

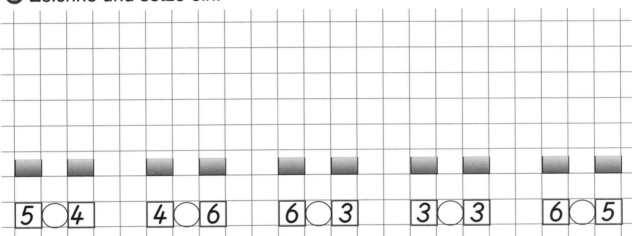

5 ◯ 4   4 ◯ 6   6 ◯ 3   3 ◯ 3   6 ◯ 5

❸ Zeichne und setze ein.

Wie geht es wohl weiter?

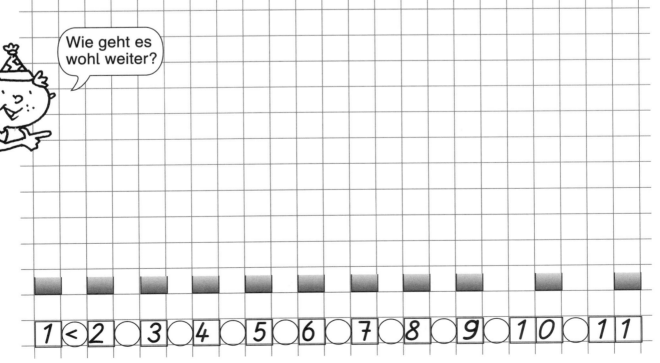

1 < 2 ◯ 3 ◯ 4 ◯ 5 ◯ 6 ◯ 7 ◯ 8 ◯ 9 ◯ 10 ◯ 11

❶ Wer ist der Sieger? Kreuze an.

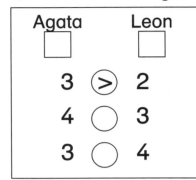

Agata Leon
3 > 2
4 ◯ 3
3 ◯ 4

Marek Amelie
5 ◯ 5
4 ◯ 3
6 ◯ 8

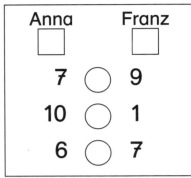

Anna Franz
7 ◯ 9
10 ◯ 1
6 ◯ 7

❷ Welche Karten passen? Male an.

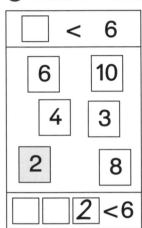

☐ < 6
6   10
4   3
2   8
☐ ☐ 2 < 6

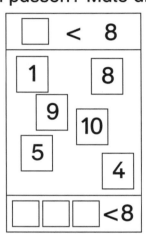

☐ < 8
1   8
9
10
5
4
☐ ☐ ☐ < 8

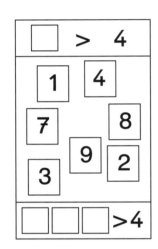

☐ > 4
1   4
7   8
9   2
3
☐ ☐ ☐ > 4

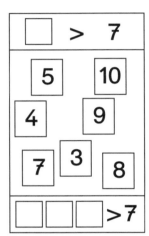

☐ > 7
5   10
4   9
7   3   8
☐ ☐ ☐ > 7

❸ Male alle passenden Zahlenfelder aus.

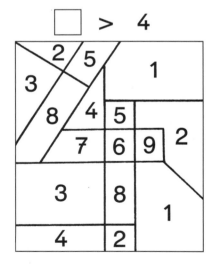

☐ > 4
2 5
3   1
8 4 5
7 6 9 2
3 8
1
4 2

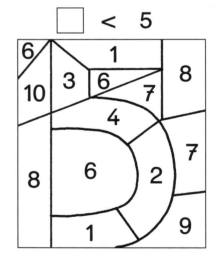

☐ < 5
6   1
10 3 6   8
7
4
7
8 6 2
9
1

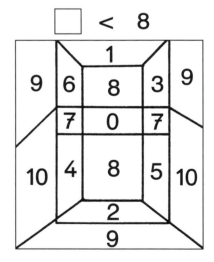

☐ < 8
1
9 6 8 3 9
7 0 7
10 4 8 5 10
2
9

❹ Streiche alle Zahlen durch, die nicht passen.

☐ < 6
0 1 2 3 4 5
6 7 8 9 10

☐ > 4
0 1 2 3 4 5
6 7 8 9 10

☐ > 6
0 1 2 3 4 5
6 7 8 9 10

☐ < 9
0 1 2 3 4 5
6 7 8 9 10

❶ Male und schreibe.

5	•••	••

3 + 2

4		

2 + ☐

7		

4 + ☐

9		

7 + ☐

4	•	•••

1 + 3

5		

☐ + 0

9		

☐ + 5

7		

☐ + 6

❷ Male und rechne.

⑤	⑤
⋮•	5 + 0
•	☐ + 1
••	2 + ☐
•••	3 + ☐
	1 + 4
⋮•	☐ + 5

⑥	⑥
•••	3 + ☐
⋮	☐ + 4
⋮ ••	☐ + ☐
	5 + 1
•	1 + ☐
⋮⋮	☐ + 6
⋮⋮	6 + ☐

④	④
•••	3 + ☐
•• ••	☐ + ☐
⋮	☐ + 4
•	1 + ☐
⋮	4 + ☐

❸ Verbinde.

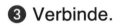

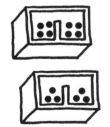

❹ Male aus.

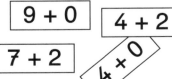

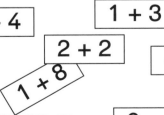

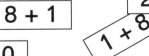

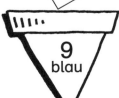
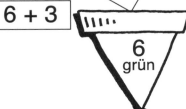

9 + 0   4 + 2   2 + 7   5 + 4   1 + 3   1 + 5   0 + 6

7 + 2   4 + 0   8 + 1   2 + 2   4 + 5   5 + 1   3 + 3

1 + 8

6 + 0

6 + 3

4 rot

9 blau

6 grün

Rennzeichnen mit blau und rot

❶ Immer 10:

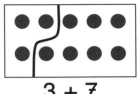 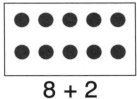

3 + 7   8 + 2

4 + 6   1 + 9

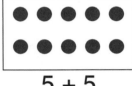 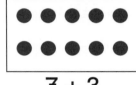

5 + 5   7 + 3

❷ Immer 8:

   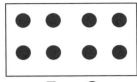

4 + 4   5 + 3

2 + 6   1 + 7

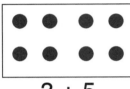 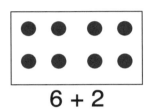

3 + 5   6 + 2

❸ Zahlendetektiv:

 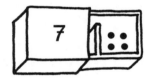 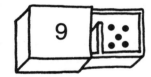 

[2] + 3   □ + 4   □ + 5   □ + 3

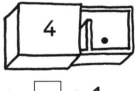 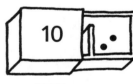 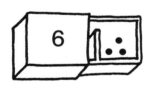 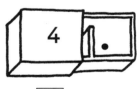

□ + 1   □ + 2   □ + 3   □ + 1

❹ Immer 9:   → *Raupe: einkreisen!*

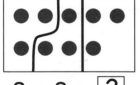 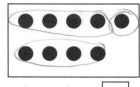  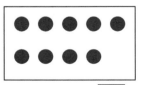

3 + 3 + [3]   4 + 4 + □   5 + 2 + □   1 + 7 + □

 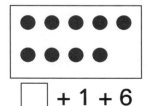  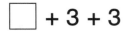 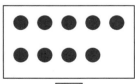

2 + 4 + □   □ + 1 + 6   □ + 3 + 3   2 + □ + 4

❶ Male an: 5 rot, 6 grün, 7 blau, 8 gelb.

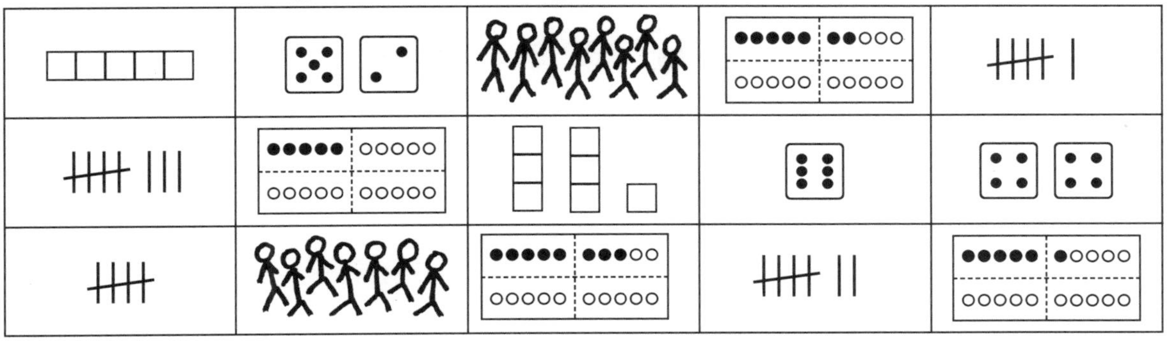

❷ Setze ein: $>$, $<$, $=$.

6 ◯ 4	9 ◯ 9	9 ◯ 7	8 ◯ 9
5 ◯ 2	7 ◯ 6	6 ◯ 7	9 ◯ 6
3 ◯ 10	5 ◯ 4	8 ◯ 7	6 ◯ 6

❸ Welche Zahlen passen? Kreise ein.

Baum 1: ① 5 4 3 6 9 2

Baum 2: 10 4 3 9 7 5 8

Baum 3: 2 3 8 6 7 1 9

☐ < 8 6 $<$ ☐   ☐ > 5

❹ Verbinde.

$5 + 4$ $7 + 3$ $3 + 3$ $4 + 1$ $2 + 5$ $2 + 6$

10   9   8   5   7   6

❶ Wer ist der 1. 2. 3. 4. ?

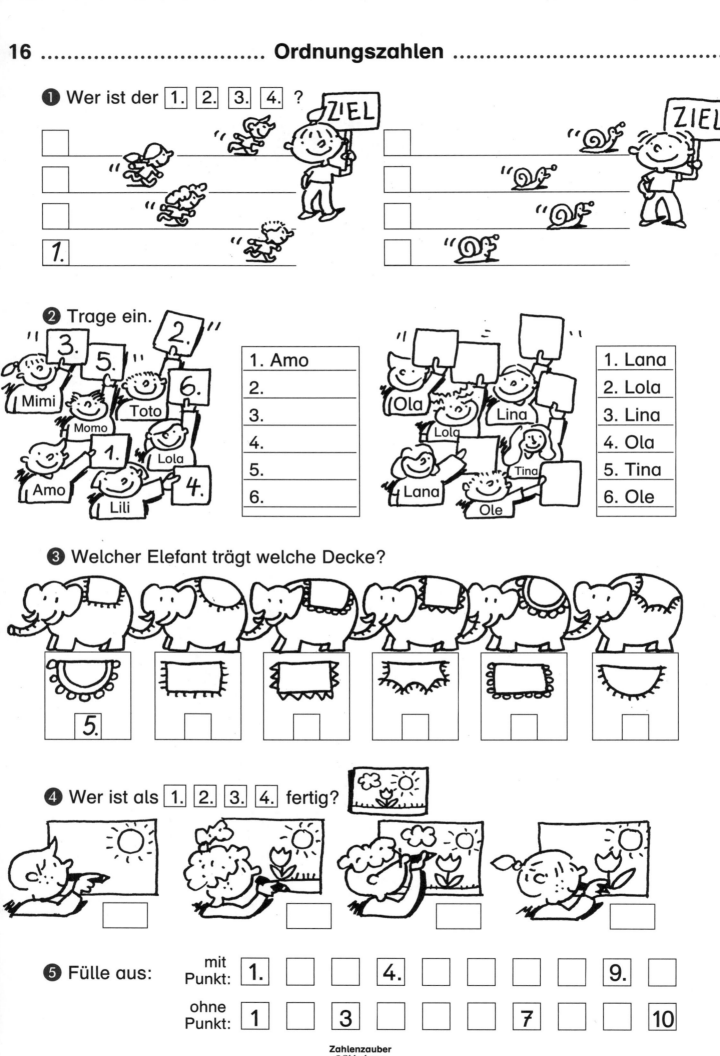

❷ Trage ein.

1. Amo
2.
3.
4.
5.
6.

1. Lana
2. Lola
3. Lina
4. Ola
5. Tina
6. Ole

❸ Welcher Elefant trägt welche Decke?

❹ Wer ist als 1. 2. 3. 4. fertig?

❺ Fülle aus: mit Punkt: 1.   4.   9.

ohne Punkt: 1   3   7   10

❶ Male und rechne.

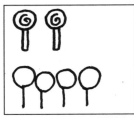

2 + 4 = ☐

3 + 2 = ☐

6 + 3 = ☐

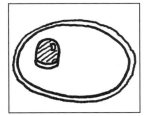

1 + 4 = ☐

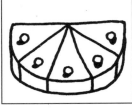

5 + 0 = ☐

8 + 2 = ☐

3 + 5 = ☐

4 + 3 = ☐

❷ Male und rechne.

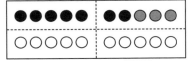

7 + 3 = ☐   2 + 6 = ☐   9 + 1 = ☐

1 + 5 = ☐   4 + 4 = ☐   2 + 7 = ☐

❸ Verbinde.

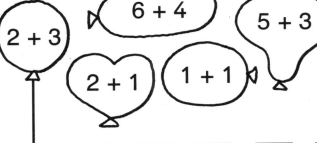

6 + 4   5 + 3   2 + 2   1 + 3

2 + 3

2 + 1   1 + 1   3 + 7   5 + 5   2 + 6

| 5 | 10 | 2 | 3 | 4 | 10 | 8 | 4 | 8 | 10 |

❹ 5 + 1 = ☐   4 + 1 = ☐   3 + 6 = ☐   1 + 6 = ☐

6 + 2 = ☐   3 + 4 = ☐   4 + 2 = ☐   2 + 2 = ☐

8 + 1 = ☐   2 + 3 = ☐   3 + 1 = ☐   3 + 2 = ☐

9 + 0 = ☐   3 + 7 = ☐   0 + 7 = ☐   4 + 5 = ☐

❶

$3 + 4 = \square$ $\square + \square = \square$ $\square + \square = \square$ $\square + \square = \square$

$\square + \square = \square$ $\square + \square = \square$ $\square + \square = \square$ $\square + \square = \square$

$\square + \square = \square$ $\square + \square = \square$ $\square + \square = \square$ $\square + \square = \square$

❷ Immer 2 Aufgaben:

$1 + 3 = \square$ $\square + \square = \square$ $\square + \square = \square$

$3 + \square = \square$ $\square + \square = \square$ $\square + \square = \square$

❸ Aufgaben und Tauschaufgaben:
Verbinde und male in der gleichen Farbe aus.

$6 + 2 = \square$ ●	● $5 + 1 = \square$
$9 + 1 = \square$ ●	● $1 + 9 = \square$
$7 + 3 = \square$ ●	● $2 + 6 = \square$
$1 + 5 = \square$ ●	● $3 + 7 = \square$
$4 + 0 = \square$ ●	● $5 + 3 = \square$
$3 + 5 = \square$ ●	● $0 + 4 = \square$

$6 + 3 = \square$ ●	● $4 + 2 = \square$
$2 + 4 = \square$ ●	● $3 + 6 = \square$
$1 + 8 = \square$ ●	● $3 + 4 = \square$
$4 + 3 = \square$ ●	● $2 + 7 = \square$
$7 + 2 = \square$ ●	● $7 + 1 = \square$
$1 + 7 = \square$ ●	● $8 + 1 = \square$

❶ Male die fehlenden Bilder. Rechne.

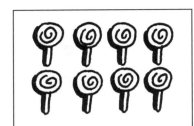  

8 − ☐3 = ☐

7 − ☐ = ☐

❷

5 − ☐ = ☐   6 − ☐ = ☐   6 − ☐ = ☐   4 − ☐ = ☐

7 − ☐ = ☐   10 − ☐ = ☐   10 − ☐ = ☐   7 − ☐ = ☐

❸ Lege. Nimm weg. Schreibe die Rechnung auf.

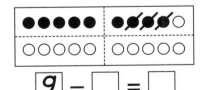 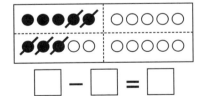

☐9 − ☐ = ☐   ☐ − ☐ = ☐   ☐ − ☐ = ☐

❹ Streiche weg. Rechne.

7 − 2 = ☐   8 − 5 = ☐   9 − 5 = ☐

❶ Streiche durch und rechne.

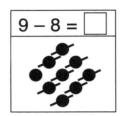 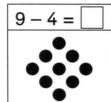 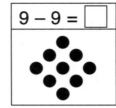 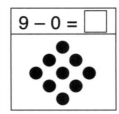 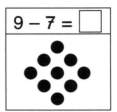

9 – 8 = ☐   9 – 4 = ☐   9 – 9 = ☐   9 – 0 = ☐   9 – 7 = ☐

9 – 5 = ☐   9 – 3 = ☐   9 – 1 = ☐   9 – 6 = ☐   9 – 2 = ☐

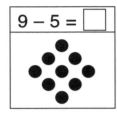 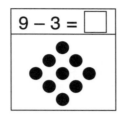 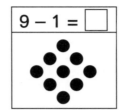 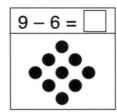

❷ Kegeln: Immer auf die vollen 9.

⠿	⌣	⌶	Rechnung		⠿	⌣	⌶	Rechnung
9	1	8	9 – 1 =		9	0		9 – 0 =
9	9				9	2		
9	3				9	5		
9	6				9	4		
9	7				9	8		

❸ Abräumen: Male und rechne.

a)
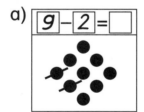 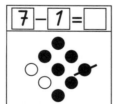 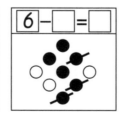 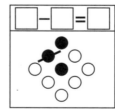 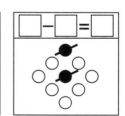

9 – 2 = ☐   7 – 1 = ☐   6 – ☐ = ☐   ☐ – ☐ = ☐   ☐ – ☐ = ☐

b)
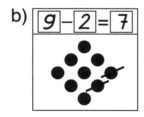 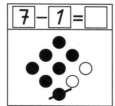 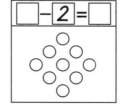 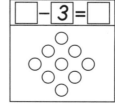 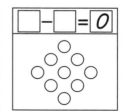

9 – 2 = 7   7 – 1 = ☐   ☐ – 2 = ☐   ☐ – 3 = ☐   ☐ – ☐ = 0

c)
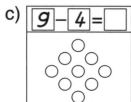 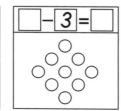 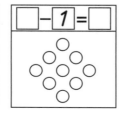 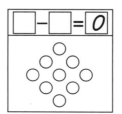

9 – 4 = ☐   ☐ – 3 = ☐   ☐ – 1 = ☐   ☐ – ☐ = 0

❶ Rechne und male.

5 ⊕ 4 = ☐

☐ ◯ ☐ = ☐

7 + 2 = ☐

☐ ◯ ☐ = ☐

8 – 5 = ☐

7 – 3 = ☐

☐ ◯ ☐ = ☐

☐ ◯ ☐ = ☐

6 – 4 = ☐

❷ Findest du beide ⊕-Aufgaben?

3 + 4 = ☐
4 + ☐ = ☐

☐ + ☐ = ☐
☐ + ☐ = ☐

☐ + ☐ = ☐
☐ + ☐ = ☐

☐ + ☐ = ☐
☐ + ☐ = ☐

☐ + ☐ = ☐
☐ + ☐ = ☐

☐ + ☐ = ☐
☐ + ☐ = ☐

❸ ⊕ oder ⊖?

5 ⊕ 3 = 8

4 ◯ 4 = 8

5 ◯ 2 ◯ 3 = 10

5 ◯ 3 = 2

4 ◯ 4 = 0

5 ◯ 2 ◯ 3 = 0

4 ◯ 5 = 9

5 ◯ 5 = 10

5 ◯ 2 ◯ 3 = 4

5 ◯ 4 = 1

3 ◯ 0 = 3

5 ◯ 2 ◯ 3 = 6

❶ Ergänze, was fehlt:

+5	+6	◯	+8	◯
0 + 5 = ☐	0 + 6 = ☐	0 + 7 = ☐	0 + 8 = ☐	0 + 9 = ☐
1+5=				
	2+6=	2+7=		

Ein Tipp:
Schau ins Buch!

❷ Nachbaraufgaben:

1+2=	1 + 3 = ☐	
	6 + 2 = ☐	
		3 + 4 = ☐	
	2 + 7 = ☐	

2+5=				
3 + 5 = ☐	1 + 8 = ☐	2 + 4 = ☐	6 + 3 = ☐	3 + 3 = ☐

❸ 1 Aufgabe, 4 Nachbarn:

7+1=	6+2=				
	7 + 2 = ☐			4 + 1 = ☐	
		2 + 6 = ☐			
	3 + 5 = ☐			5 + 3 = ☐	

❶ Ergänze, was fehlt:

Schau ins Buch!

| −5 | −6 | −7 | −8 | −9 |

$6-5=$ $6-6=$ $9-7=$ $9-9=$

$10-5=\Box$ $10-6=\Box$ $10-7=\Box$ $10-8=\Box$ $10-9=\Box$

❷ Nachbaraufgaben:

$9-7=\Box$ $9-8=$

$10-8=\Box$

$7-6=\Box$

| $9-8=\Box$ | $8-2=\Box$ | $7-1=\Box$ | $3-0=\Box$ | $9-2=\Box$ |
| $10-8=$ | | | | |

❸ 1 Aufgabe, 4 Nachbarn:

$7-7=$

$8-6=$ $8-7=\Box$ $7-6=\Box$

$7-5=\Box$

$5-1=\Box$ $8-4=\Box$

❶

5 + 5	5 + ☐	☐ − 4	3 − ☐
1 + ☐	2 + ☐	☐ − 3	4 − ☐
8 + ☐	3 + ☐	8 − ☐	☐ − 7

  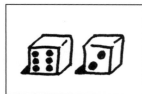 

6 + ☐   ☐ + 4   9 − ☐   ☐ − 8

10   7   3   2

❷ Aufgabe und Tauschaufgabe gesucht:

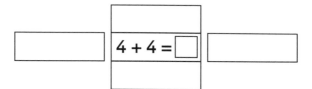 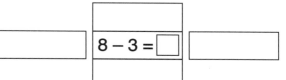

3 + 2 = ☐   ☐ + ☐ = ☐   ☐ + ☐ = ☐   ☐ + ☐ = ☐

2 + ☐ = ☐   ☐ + ☐ = ☐   ☐ + ☐ = ☐   ☐ + ☐ = ☐

❸ Eine Aufgabe - 4 Nachbarn:

4 + 4 = ☐   8 − 3 = ☐

❹ Male aus: 7 grün, 10 blau, 5 gelb, 6 grau, 8 rot , 9 braun.

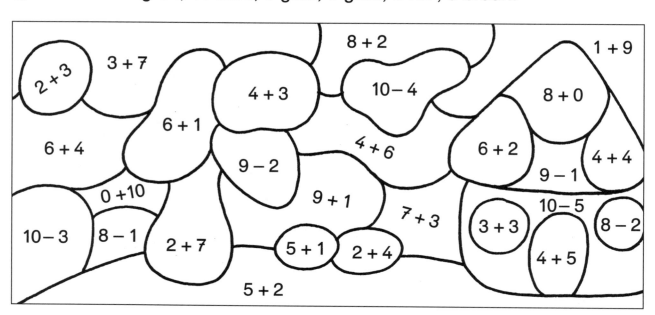

Zahlenzauber
©Oldenbourg

❶ >, <, =:

❷ Verbinde.

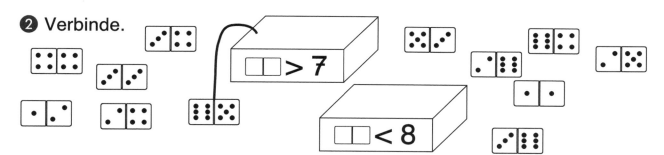

❸ >, <, =:

8 − 2 ◯ 9 − 2	10 − 3 ◯ 9 − 2	4 − 1 ◯ 6 − 2
7 − 3 ◯ 7 − 2	10 − 5 ◯ 8 − 4	9 − 2 ◯ 8 − 5
6 − 5 ◯ 7 − 6	6 − 3 ◯ 9 − 5	6 − 5 ◯ 9 − 2
3 − 3 ◯ 4 − 2	8 − 1 ◯ 9 − 2	10 − 8 ◯ 8 − 6

❹ Male aus: 5 blau, 7 orange, 8 gelb, 10 rot.

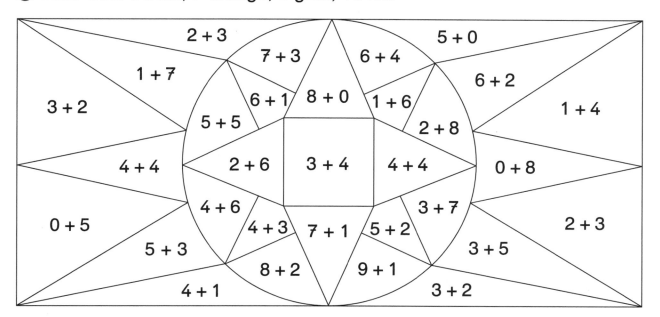

Zahlenzauber
©Oldenbourg

❶ Zeichne nach.

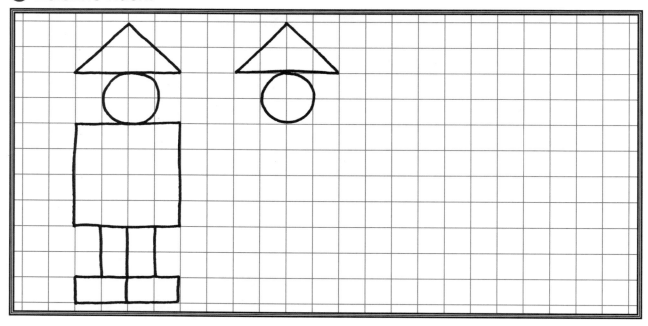

❷ Schreibe Buchstaben mit □ □ △ ○ .

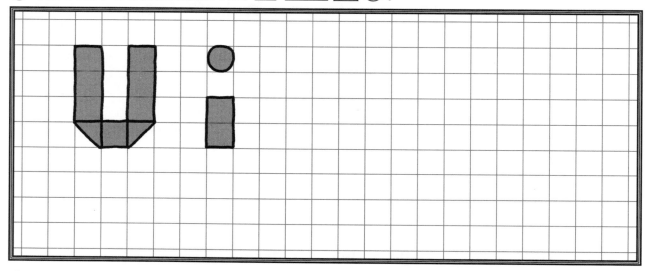

❸ Schöne Muster. Zeichne weiter.

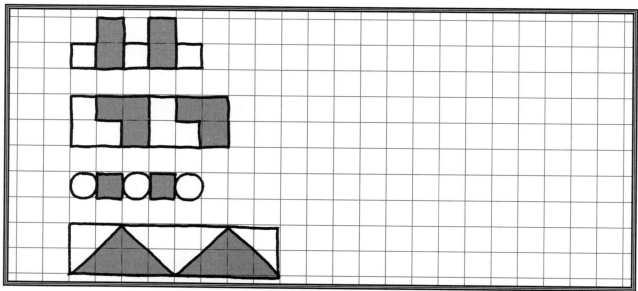

❶ Male an: △ rot, ▭ gelb, ○ blau, ▢ grün.

❷ Decke das Bild ab. Zeichne es auswendig nach.

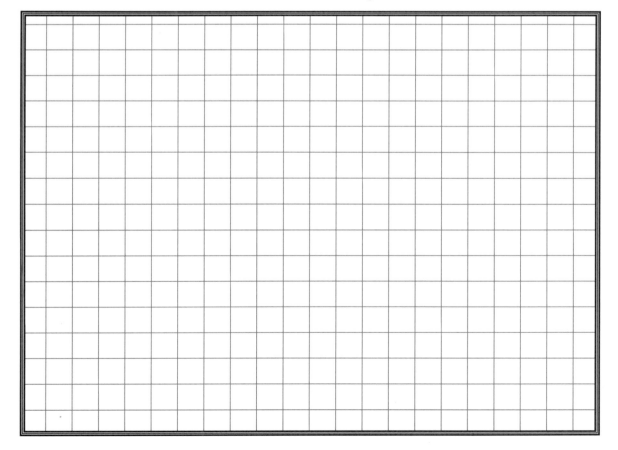

❶ Zeichne die Hüpfer.

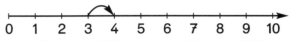

$3 \, (+1) = \square$ $6 \, (+2) = \square$

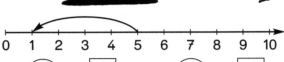

$5 \, (-4) = \square$ $10 \, (-5) = \square$

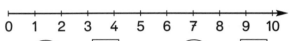

$0 \, (+4) = \square$ $7 \, (+3) = \square$

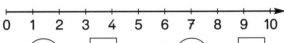

$4 \, (-3) = \square$ $9 \, (-3) = \square$

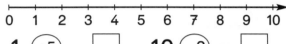

$1 \, (+5) = \square$ $10 \, (-2) = \square$

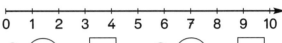

$2 \, (+3) = \square$ $8 \, (-3) = \square$

❷ Welche Karten wurden gezogen? Zeichne den Weg.

$2 \, \bigcirc = 6$ $9 \, \bigcirc = 7$

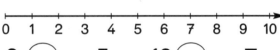

$0 \, \bigcirc = 5$ $10 \, \bigcirc = 7$

$6 \, \bigcirc = 3$ $8 \, \bigcirc = 4$

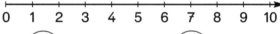

$1 \, \bigcirc = 8$ $6 \, \bigcirc = 10$

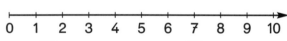

$7 \, \bigcirc = 10$ $9 \, \bigcirc = 6$

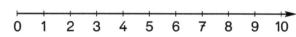

$3 \, \bigcirc = 5$ $5 \, \bigcirc = 9$

❸ Wie heißen die Rechnungen?

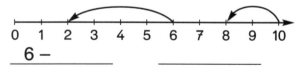

6 – _____   _____

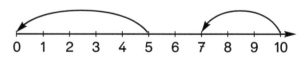

_____   _____

_____   _____

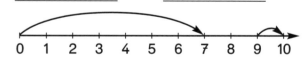

_____   _____

❹ Wie heißt die Startzahl?

$\boxed{5} + 3 = 8$ $\square - 4 = 5$ $\square + 5 = 9$

$\square + 1 = 6$ $\square - 3 = 2$ $\square + 3 = 9$

$\square + 4 = 10$ $\square - 6 = 4$ $\square - 4 = 1$

$\boxed{\not{5}}$ $\boxed{5}$ $\boxed{5}$
$\boxed{5}$ $\boxed{4}$ $\boxed{6}$
$\boxed{10}$ $\boxed{6}$ $\boxed{9}$

Rätsel am Zahlenstrahl

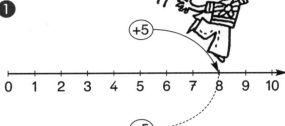

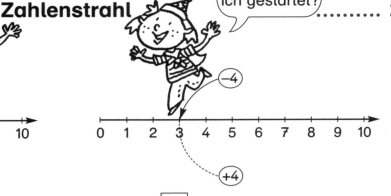

❶

Wo bin ich gestartet?

+5

```
0  1  2  3  4  5  6  7  8  9  10
```

−5

$\square$ + 5 = 8

8 − 5 = $\square$

Und wo bin ich gestartet?

−4

```
0  1  2  3  4  5  6  7  8  9  10
```

+4

$\square$ − 4 = 3

3 + 4 = $\square$

+6

```
0  1  2  3  4  5  6  7  8  9  10
```

−6

$\square$ + 6 = 9

9 − 6 = $\square$

−2

```
0  1  2  3  4  5  6  7  8  9  10
```

+2

$\square$ − 2 = 6

6 + 2 = $\square$

❷ Löse mithilfe der Umkehraufgabe.

$\square$ + 4 = 10

10 − 4 = $\square$

$\square$ − 3 = 2

2 + 3 = $\square$

$\square$ + 5 = 6

$\square$ − $\square$ = $\square$

$\square$ + 4 = 7

$\square$ − 4 = $\square$

$\square$ − 5 = 3

$\square$ + 5 = $\square$

$\square$ − 3 = 4

$\square$ + $\square$ = $\square$

❸ Verbinde Aufgabe und Umkehraufgabe.

5+3= 8	10−4=
6+4=	8−3=
3+6=	8−1=
7+1=	9−6=

8−6=	2+6=
9−4=	4+3=
7−3=	5+4=
9−8=	1+8=

❶

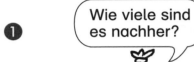

Wie viele sind es nachher?

−2		−7		+3		+6	
3	1	10		3		0	
6		7		6		4	
9		9		7		2	
5		8		5		3	

❷

Wie viele waren es vorher?

+3		+5		−7		−6	
	6		10		3		4
	8		6		1		0
	5		8		0		1
	3		7		2		3

❸ Nachher?

Vorher?

+4		+5		−3		−5	
6		2		7		9	
1		4		10			2
5			10		0	6	
	7		5	9			5
	4	3			2	8	

❹ Was ist passiert?

◯		◯		◯		◯	
10	5	3	9	9	7	1	8
7	2	1	7	6	4	3	10
8		4			3		7
5		2			0	2	

❶ Welche 4 Aufgaben kannst du mit diesen Karten bilden?

| 3 6 9 | 7 2 9 | 8 3 5 |

3 ⊕ 6 = 9

☐ ○ ☐ = ☐

☐ ○ ☐ = ☐

☐ ○ ☐ = ☐

❷ Welche Karte fehlt? Es gibt 2 Möglichkeiten.
Schreibe alle 4 Aufgaben auf.

3   2   ☐

☐ ○ ☐ = ☐
☐ ○ ☐ = ☐

☐ ○ ☐ = ☐
☐ ○ ☐ = ☐

3   2   ☐

☐ ○ ☐ = ☐
☐ ○ ☐ = ☐

☐ ○ ☐ = ☐
☐ ○ ☐ = ☐

❸ 4 Aufgaben gehören zusammen. Male sie mit der gleichen Farbe an.

| 5 − 2 = 3 | 9 − 5 = 4 | 5 + 2 = 7 | 2 + 3 = 5 | 5 + 4 = 9 |
| 4 + 5 = 9 | 5 + 3 = 8 | 5 − 3 = 2 | 9 − 4 = 5 | 3 + 2 = 5 |

Achtung: 2 Aufgaben bleiben übrig.

❹ 3 Karten – nur 2 Aufgaben!
Wähle die Karten so, dass es nur 2 Aufgaben gibt.

☐   3   6   ☐ + ☐ = ☐   ☐ − ☐ = ☐

4   ☐   8   ☐ + ☐ = ☐   ☐ − ☐ = ☐

❶ (>), (<), (=):

$6 + 2$ (<) $4 + 5$ $6 - 2$ ◯ $8 - 6$ $10 - 7$ ◯ $9 - 2$

$7 - 3$ ◯ $2 + 3$ $9 - 3$ ◯ $4 + 4$ $8 + 2$ ◯ $9 - 2$

$9 - 5$ ◯ $7 - 3$ $4 + 3$ ◯ $6 + 0$ $4 + 2$ ◯ $9 - 2$

❷ $6 + 3 = 2 + \square$ $8 - 4 = 7 - \square$ $\square + 6 = 3 + 5$

$9 - 2 = 5 + \square$ $3 + 3 = 9 - \square$ $7 - \square = 8 - 5$

❸ Hier fehlen Zahlen:

-4		$+2$		-3		$+5$	
8		7		9			10
	2		6	4		2	
6			10		4		6

❹ 6 Fehler haben sich versteckt. Findest du sie?

$1 + 4 = 6$ $\boxed{f}$ $4 + 5 = 8$ $\square$ $8 - 0 = 8$ $\square$

$3 + 4 = 7$ $\square$ $3 + 3 = 6$ $\square$ $4 - 0 = 0$ $\square$

$4 + 4 = 8$ $\square$ $5 - 5 = 10$ $\square$ $7 - 3 = 5$ $\square$

$6 + 4 = 9$ $\square$ $8 - 4 = 4$ $\square$ $10 - 5 = 5$ $\square$

❺ Tintenkleckse!

$5 + 5 = 10$ $\ldots + 5 = 7$ $9 \ldots = 2$

$\ldots - 6 = 3$ $9 - 4 = \ldots$ $7 \ldots = 10$

$4 \ldots = 8$ $6 \ldots = 10$ $8 \ldots = 3$

$+ 4$ $+ 5$ 2 9 $+ 3$ $- 7$ $- 5$ 5 $+ 4$

❶ Wie viel Geld ist es?

☐ Euro   ☐ Euro   ☐ Euro   ☐ Euro

❷ Male die Beträge:

7 Euro   5 Euro   9 Euro   4 Euro

❸ Male möglichst wenige Münzen und Scheine:

8 Euro	5 ◯ ◯	$8€ = 5€ + \boxed{}€ + \boxed{}€$
6 Euro		
4 Euro		
2 Euro		
10 Euro		
9 Euro		

❹ Vergleiche mit >, =, <.

☐ Euro ◯ ☐ Euro   ☐ Euro ◯ ☐ Euro

❶ Wie kannst du bezahlen? Male.

❷ Wie viel musst du bezahlen?

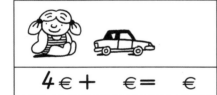

$4 \in +\quad \in =\quad \in$

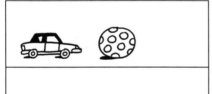

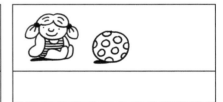

❸ Berechne das Rückgeld.

	Ich gebe	Rückgeld:
☐ € + ☐ € = ☐ €		$10 \in - ☐ \in = ☐ \in$
☐ € + ☐ € = ☐ €		☐ € – ☐ € = ☐ €
☐ € + ☐ € = ☐ €		☐ € – ☐ € = ☐ €

❶ Streiche unpassende Rechnungen durch.

~~1 + 3 = 4~~	5 − 2 = 3
2 + 3 = 5	6 − 2 = 4
5 − 3 = 2	

4 + 1 + 2 = 7	6 + 2 = 8
7 − 3 = 4	9 − 3 = 6
2 + 1 + 4 = 7	

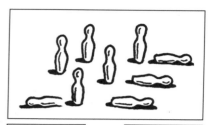

9 − 4 = 5	4 + 4 = 8
4 + 5 = 9	5 − 2 = 3
5 + 4 = 9	

❷ Schreibe zu den Bildern mehrere Rechnungen.

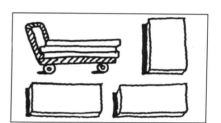

_____   _____   _____

_____   _____   _____

_____   _____   _____

❸ Welche Bilder passen? Male an.

6 − 3 = 3				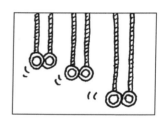

9 − 4 = 5			

❹ Male: 2 + 5 = 7   8 − 3 = 5

❶ Wie viele Eier sind es?

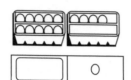 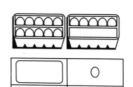 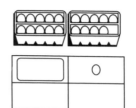 

| 1 | ○ 4 |
| | | ○ | | | ○ | | | ○ |

❷ Male.

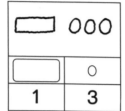

| ▭ | 000 |
| 1 | ○ 3 |

| | |
| 1 | ○ 5 |

| | |
| 1 | ○ 7 |

| | |
| 2 | ○ 0 |

| | |
| 1 | ○ 8 |

| | |
| 1 | ○ 2 |

| | |
| 1 | ○ 1 |

| | |
| | ○ 9 |

❸ Immer 4 Karten gehören zusammen.
Male sie mit der gleichen Farbe an.

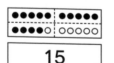 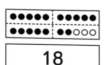 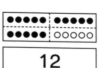 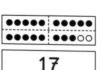 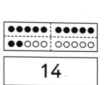

15	18	12	17	14
siebzehn	vierzehn	zwölf	fünfzehn	achtzehn
1 Z 8 E	1 Z 2E	1 Z 5E	1 Z 7E	1 Z 4E

❹

$10 + 1 = \boxed{11}$	$20 - 1 = \square$	$4 + 10 = \square$	$12 - 2 = \square$
$10 + 8 = \square$	$20 - 2 = \square$	$9 + 10 = \square$	$10 + 2 = \square$
$10 + 10 = \square$	$20 - 3 = \square$	$2 + 10 = \square$	$18 - 8 = \square$
$10 + 5 = \square$	$20 - 4 = \square$	$6 + 10 = \square$	$18 + 2 = \square$
11, 15, 18, 20	16, 17, 18, 19	12, 14, 16, 19	10, 10, 12, 20

❶ Fülle aus:

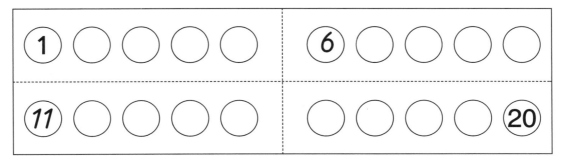

❷ Welche Zahlen fehlen?

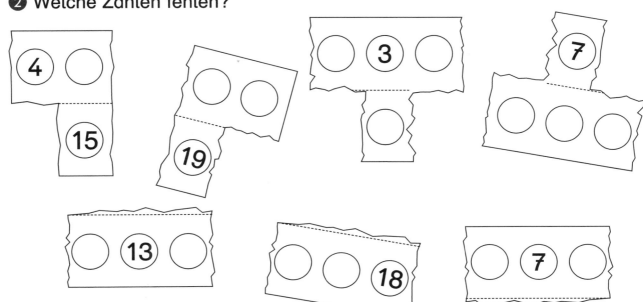

❸ Nachbarzahlen:

	12			4			16			6	
	13			8			14			17	
	5			9			1			20	

❹ Vergleiche: $>$, $<$, $=$.

9 ◯ 10	14 ◯ 15	11 ◯ 11	8 ◯ 9
3 ◯ 13	17 ◯ 13	13 ◯ 12	9 ◯ 10
15 ◯ 14	16 ◯ 19	12 ◯ 13	10 ◯ 11

❺ Wie geht es weiter?

2, 4, ☐, ☐, ☐,   19, 17, ☐, ☐, ☐,

12, 14, ☐, ☐, ☐,   9, 7, ☐, ☐, ☐,

❶ Schlangen unterwegs. Ergänze.

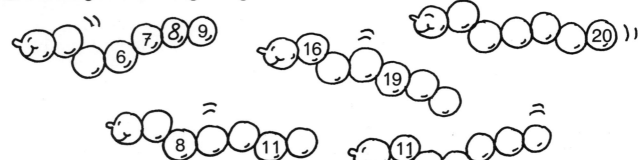

❷ Zahlen stechen. Setze ein: >, <, =.
   Wer gewinnt? Kreise ein.

Ayse		Sophie
12	○	15
19	○	9
11	○	10
20	○	20

Stefan		Jule
13	○	3
7	○	10
11	○	10
17	○	19

Simsala		Bim
12	○	9
10	○	1
16	○	19
4	○	14

❸ Rechne. Ordne die Ergebnisse dann nach der Größe.

10 + 2 = ☐   9 + 10 = ☐   5 + 10 = ☐   17 + 1 = ☐

19 − 9 = ☐   12 + 1 = ☐   18 − 1 = ☐   12 − 1 = ☐

10 + 6 = ☐   10 + 10 = ☐   10 + 4 = ☐

☐ ☐ ☐ ☐ ☐ ☐ ☐ ☐ ☐ ☐ ☐

❹ 4 Karten – 1 Zahl:

13	16				17

1 Z 3 E		1 Z 8 E			

10 + 3			10 + 1		

Zahlenzauber
©Oldenbourg

1 Male die große und die kleine Aufgabe gleich an:

$3 + 4 =$ ☐ $2 + 3 =$ ☐ $4 + 1 =$ ☐ $3 + 6 =$ ☐ $5 + 2 =$ ☐ $6 + 4 =$ ☐

$13 + 4 =$ ☐ $16 + 4 =$ ☐ $13 + 6 =$ ☐ $14 + 1 =$ ☐ $15 + 2 =$ ☐ $12 + 3 =$ ☐

2 Welches Auto darf in welchen Tunnel?

13   16   17   19

$11 + 2 =$ $13 + 3 =$ $10 + 3 =$ $11 + 6 =$ $12 + 4 =$ $18 + 1 =$ $12 + 5 =$ $14 + 5 =$

3 Schreibe die kleine Aufgabe dazu.

$17 - 4 =$ ☐ $7 - 4 =$ ☐

$15 - 2 =$ ☐   ☐ $-$ ☐ $=$ ☐

$19 - 6 =$ ☐   ☐ $-$ ☐ $=$ ☐

$16 - 5 =$ ☐   ☐ $-$ ☐ $=$ ☐

4

$13 - 1 = \boxed{12}$ $19 - 6 =$ ☐ $14 - 2 =$ ☐ $15 - 3 =$ ☐

$15 - 2 =$ ☐ $14 - 3 =$ ☐ $20 - 8 =$ ☐ $19 - 6 =$ ☐

$18 - 2 =$ ☐ $17 - 5 =$ ☐ $20 - 5 =$ ☐ $18 - 7 =$ ☐

$12 - 1 =$ ☐ $13 - 2 =$ ☐ $19 - 7 =$ ☐ $16 - 4 =$ ☐

$16 - 2 =$ ☐ $18 - 3 =$ ☐ $19 - 4 =$ ☐ $19 - 5 =$ ☐

11, 11, 11, 11, ✗, 12, 12, 12, 12, 12, 12, 13, 13, 13, 14, 14, 15, 15, 15, 16

Kunstwerke aus ▢ △ ▭ ◯

❶ Male an: ▢ rot, △ blau, ▭ gelb, ◯ grün.

❷ Male dein eigenes Kunstwerk aus ▢ △ ▭ ◯.

❶ Verdopple: Zeichne und rechne.

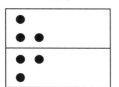 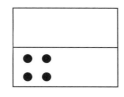 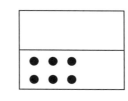 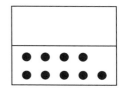

$\boxed{3} + \boxed{3} = \boxed{}$ $\boxed{} + \boxed{} = \boxed{}$ $\boxed{} + \boxed{} = \boxed{}$ $\boxed{} + \boxed{} = \boxed{}$

❷ Zeichne und rechne.

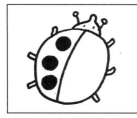 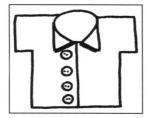  

$\boxed{3} \oplus \boxed{} = \boxed{}$ $\boxed{} \bigcirc \boxed{} = \boxed{}$ $\boxed{} \bigcirc \boxed{} = \boxed{}$ $\boxed{} \bigcirc \boxed{} = \boxed{}$

❸

Zahl	4	7	8	3	6	1	9	2	10	5	0
das Doppelte											

❹ Halbiere.

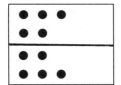 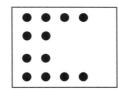 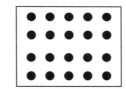 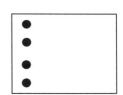

$\boxed{10} = \boxed{5} + \boxed{}$ $\boxed{12} = \boxed{} + \boxed{}$ $\boxed{} = \boxed{} + \boxed{}$ $\boxed{} = \boxed{} + \boxed{}$

❺ Simsala und Bim teilen. Halbiere.

  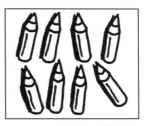 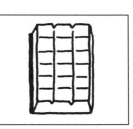

$6 = \boxed{} + \boxed{}$ $2 = \boxed{} + \boxed{}$ $8 = \boxed{} + \boxed{}$ $\boxed{} = \boxed{} + \boxed{}$

❻

Zahl	12	8		6		10		2		20	14		18		4
die Hälfte			7		2		9		8			3		5	

❶ Nachbaraufgaben gesucht.

6 + 5 = ☐ 6 + 6 = ☐   7 + 7 = ☐

8 + 8 = ☐   9 + 9 = ☐

❷ Welche Verdoppelungsaufgabe hilft?
Verbinde und rechne.

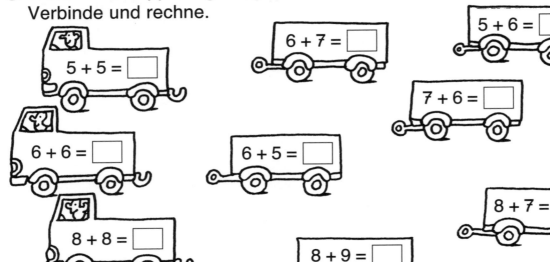

5 + 5 = ☐

6 + 7 = ☐

5 + 6 = ☐

7 + 6 = ☐

6 + 6 = ☐

6 + 5 = ☐

8 + 7 = ☐

8 + 8 = ☐

8 + 9 = ☐

❸ Welche Verdoppelungsaufgabe hilft hier?

7 + 6 = ☐   7 + 8 = ☐   9 + 8 = ☐   9 + 10 = ☐

❹ Nachbaraufgabe gesucht:

14 − 6 = ☐ 14 − 7 = ☐   16 − 8 = ☐

18 − 9 = ☐

Auch die Hälfte kann dir helfen!

❶ Große und kleine Aufgaben: Verbinde.

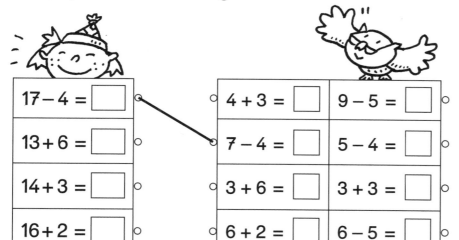

17 − 4 = ☐	
13 + 6 = ☐	
14 + 3 = ☐	
16 + 2 = ☐	

4 + 3 = ☐	9 − 5 = ☐
7 − 4 = ☐	5 − 4 = ☐
3 + 6 = ☐	3 + 3 = ☐
6 + 2 = ☐	6 − 5 = ☐

15 − 4 = ☐	
19 − 5 = ☐	
13 + 3 = ☐	
16 − 5 = ☐	

❷ Für Simsala und Bim alles doppelt: Zeichne und rechne.

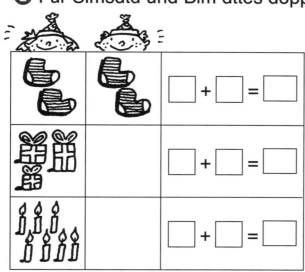
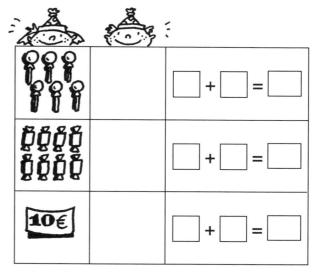

☐ + ☐ = ☐

☐ + ☐ = ☐

☐ + ☐ = ☐

☐ + ☐ = ☐

☐ + ☐ = ☐

☐ + ☐ = ☐

❸ Halbiere.

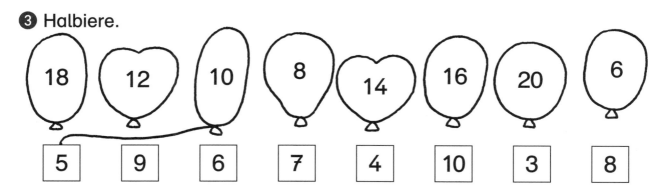

18	12	10	8	14	16	20	6
5	9	6	7	4	10	3	8

❹ Eine Aufgabe – 4 Nachbarn

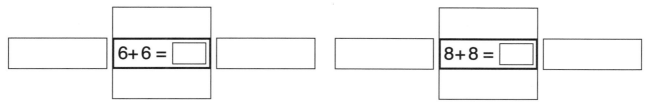

6 + 6 = ☐

8 + 8 = ☐

❶ Male und schreibe auf.

$7 + 4 = \boxed{}$
$7 + \boxed{3} + \boxed{1} = \boxed{}$

$6 + 7 = \boxed{}$
$6 + \boxed{} + \boxed{} = \boxed{}$

$8 + 5 = \boxed{}$
$8 + \boxed{} + \boxed{} = \boxed{}$

$3 + 8 = \boxed{}$
$3 + \boxed{} + \boxed{} = \boxed{}$

$9 + 7 = \boxed{}$
$9 + \boxed{} + \boxed{} = \boxed{}$

$4 + 9 = \boxed{}$
$4 + \boxed{} + \boxed{} = \boxed{}$

$8 + 7 = \boxed{}$
$8 + \boxed{} + \boxed{} = \boxed{}$

$5 + 9 = \boxed{}$
$5 + \boxed{} + \boxed{} = \boxed{}$

$4 + 8 = \boxed{}$
$4 + \boxed{} + \boxed{} = \boxed{}$

❷ Verbinde.

$7 + 5 = \boxed{}$ $8 + 6 = \boxed{}$ $8 + 9 = \boxed{}$ $7 + 6 = \boxed{}$ $7 + 8 = \boxed{}$

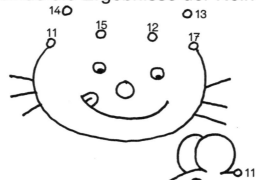

$8 + 2 + 7 = \boxed{}$

$8 + 2 + 4 = \boxed{}$

$7 + 3 + 5 = \boxed{}$

$7 + 3 + 2 = \boxed{}$

$7 + 3 + 3 = \boxed{}$

❸ Rechne und verbinde die Ergebnisse der Reihe nach.

$2 + 9 = \boxed{}$
$6 + 8 = \boxed{}$
$6 + 9 = \boxed{}$
$5 + 7 = \boxed{}$
$9 + 4 = \boxed{}$
$9 + 8 = \boxed{}$

$8 + 6 = \boxed{}$
$8 + 9 = \boxed{}$
$9 + 3 = \boxed{}$
$9 + 6 = \boxed{}$
$7 + 6 = \boxed{}$
$9 + 2 = \boxed{}$

14 13 11 15 12 17 11 13 15 14 12 17

1 Male, streiche weg und schreibe auf.

12 − 5 = ☐
12 − [2] − [3] = ☐

15 − 6 = ☐
15 − ☐ − ☐ = ☐

17 − 9 = ☐
17 − ☐ − ☐ = ☐

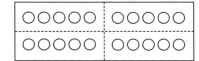

11 − 4 = ☐
11 − ☐ − ☐ = ☐

13 − 8 = ☐
13 − ☐ − ☐ = ☐

11 − 9 = ☐
11 − ☐ − ☐ = ☐

12 − 8 = ☐
12 − ☐ − ☐ = ☐

11 − 8 = ☐
11 − ☐ − ☐ = ☐

12 − 4 = ☐
12 − ☐ − ☐ = ☐

2 Verbinde.

14 − 8 = ☐

15 − 8 = ☐

14 − 6 = ☐

13 − 9 = ☐

15 − 6 = ☐

13 − 5 = ☐

15 − 5 − 1 = ☐

14 − 4 − 4 = ☐

13 − 3 − 6 = ☐

15 − 5 − 3 = ☐

13 − 3 − 2 = ☐

14 − 4 − 2 = ☐

3 Maulwurfhöhle

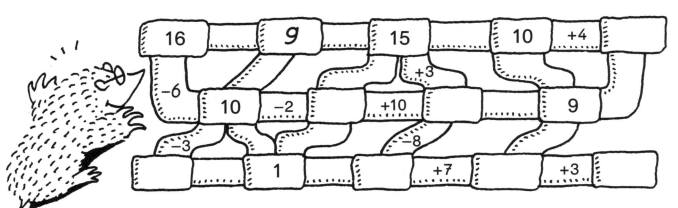

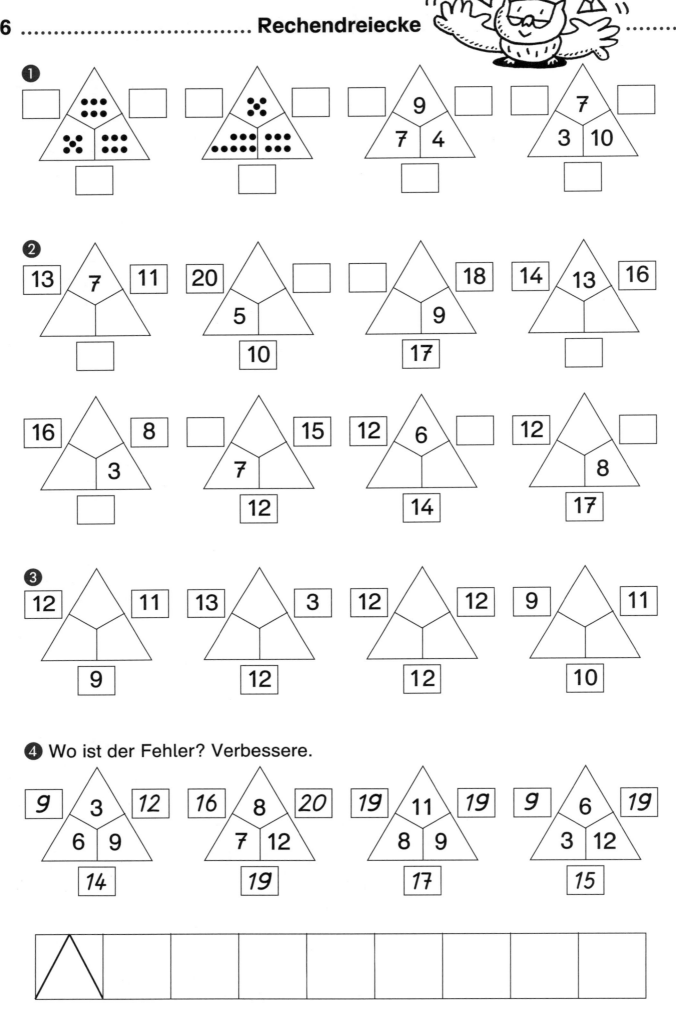

❶

❷

❸

❹ Wo ist der Fehler? Verbessere.

❶ Bezahle mit möglichst wenig Münzen.

9 Cent	⑤ ◯ ◯			11 Cent		
14 Cent				8 Cent		
20 Cent				19 Cent		
18 Cent				10 Cent		
15 Cent				17 Cent		
30 Cent				21 Cent		

❷ Welche Münze fehlt?

11 Cent	5 5	◯	
14 Cent	10 2	◯	
20 Cent	10	◯	
15 Cent	5 5	◯	
18 Cent	10 5 2	◯	

❸ Welche Münzen können es sein?

12 Cent	◯	◯	◯	
17 Cent	◯	◯	◯	◯
20 Cent	◯	◯	◯	
11 Cent	◯	◯	◯	◯
16 Cent	◯	◯	◯	◯

❹ Reicht das Geld?

Katharina möchte:	Es kostet:	Sie hat:	Reicht das Geld? Ja Nein	
5 Ct 2 Ct	5 Ct + 2 Ct = ☐ Ct	10		
KEKSE 10 Ct 5 Ct 2 Ct		10 5		
KEKSE 10 Ct KEKSE 10 Ct		10 5 5		
2 Ct 2 Ct 2 Ct		5		

❶ Schreibe die Rechnung dazu.

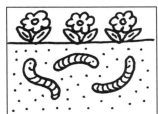  

R.: 3 + _____

R.: _____

❷ Male das fehlende Bild und schreibe die Rechnung.

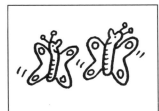  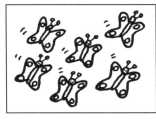

R.: _____

R.: _____

❸ Male die fehlenden Bilder.

 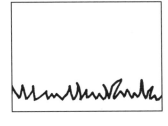 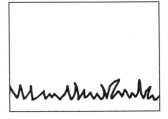

R.: 4 − 3 = 1

❶ Male und schreibe die Rechnung dazu.

Jule hat 13 Murmeln.
Leon legt noch 5 dazu.

Rechnung:

$$\boxed{13} \bigcirc \boxed{} = \boxed{}$$

Maximilian hat 17 Aufkleber
gesammelt.
Auf dem Heimweg verliert er
4 Aufkleber.

Rechnung:

$$\boxed{17} \bigcirc \boxed{} = \boxed{}$$

❷ Schreibe eine Geschichte und rechne.

_____

_____

_____

Rechnung: _____

_____

_____

Rechnung: _____

❸ Welche Rechnung passt zu welcher Geschichte? Verbinde.

| Michael legt 12 blaue Steine auf den Teppich. Leon nimmt 3 Steine weg. | Franz hat 12 Autos in seiner Kiste. Beim Spielen verliert er 2 Autos. | Corinna hat 12 Stofftiere. Beim Losen gewinnt sie noch 3 dazu. |

$$12 + 3 = \boxed{} \qquad 12 - 3 = \boxed{} \qquad 12 - 2 = \boxed{}$$

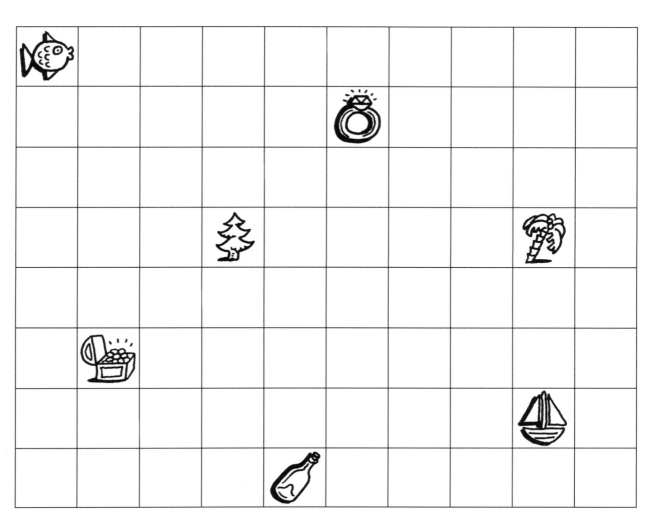

❶ Wo kommst du an? Zeichne den Weg.

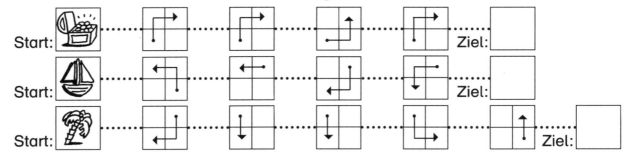

❷ Welcher Weg ist der richtige? Male die Tanne an.

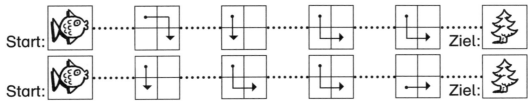

❸ Wo ist der Start?

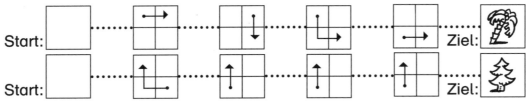

❶

	+4	+5	+6
10			
11			
12			

	−3	−4	−5
20			
19			
18			

	−7	−8	−9
15			
14			
13			

❷

+	3	4	5	6	7
3	6				
13					
4					
	17	18			

−	2	3	4	5	6
6	4				
16					
7					
	15	14			

❸

+		6	7
7	12		
		14	
			16

−		2	
		14	
17	16		
18			15

−	8		10
			10
16		7	
	4		

❹ Immer 3 Ergebnisse sind falsch. Streiche sie durch.

+	8	9	10
6	14	15	16
8	~~17~~	18	18
10	18	18	20

+	4	6	8
1	5	7	9
5	9	12	13
7	12	13	14

−	7	2	5
15	9	13	10
13	7	11	8
11	5	9	6

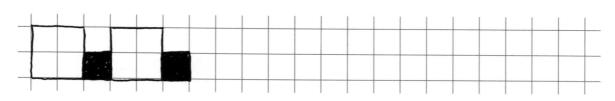

❶ Rechendreiecke:

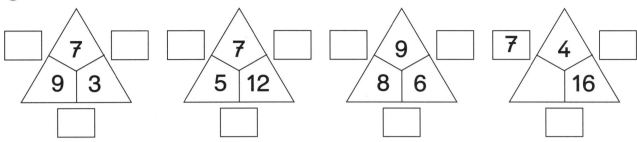

❷ Zaubermaschinen:

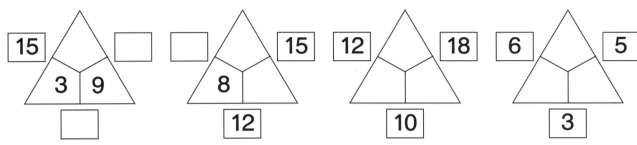

❸

+	8	4	7		5	10	
6							17
8			17				
	17						

−		9	8		6	11	
15	8						
13				8			
12							8

❹ Male aus: ⎢12⎢ gelb, ⎢8⎢ rot, ⎢16⎢ blau, ⎢9⎢ braun, ⎢7⎢ grün, ⎢15⎢ weiß.

5 + 3 = ☐	8 + ☐ = 17	20 − 5 = ☐	11 + ☐ = 20	20 − 12 = ☐
20 − 4 = ☐	6 + ☐ = 14	3 + 6 = ☐	2 + ☐ = 10	14 − ☐ = 7
6 + 6 = ☐	☐ − 6 = 10	4 + 4 = ☐	3 + 4 = ☐	12 − ☐ = 0
9 + 7 = ☐	☐ − 2 = 6	19 − ☐ = 10	10 + ☐ = 18	6 + ☐ = 13
☐ + 11 = 19	5 + 4 = ☐	9 + 6 = ☐	16 − ☐ = 7	16 − 8 = ☐

⊕ Rechenwege ⊕ und Rechentricks

❶ Nachbaraufgaben als Helfer:

$7 + 8 = \boxed{}$

$7 + \boxed{7} + \boxed{1} = \boxed{}$

$5 + 6 = \boxed{}$

$5 + \boxed{} + \boxed{} = \boxed{}$

$8 + 9 = \boxed{}$

$\boxed{} + \boxed{} + \boxed{} = \boxed{}$

$7 + 6 = \boxed{}$

$7 + \boxed{7} - \boxed{1} = \boxed{}$

$5 + 6 = \boxed{}$

$6 + \boxed{} - \boxed{} = \boxed{}$

$7 + 6 = \boxed{}$

$\boxed{} + \boxed{} + \boxed{} = \boxed{}$

❷ Zur 10 und dann weiter:

$7 + 5 = \boxed{}$

$7 + \boxed{3} + \boxed{2} = \boxed{}$

$8 + 4 = \boxed{}$

$8 + \boxed{} + \boxed{} = \boxed{}$

$9 + 7 = \boxed{}$

$\boxed{} + \boxed{} + \boxed{} = \boxed{}$

$6 + 9 = \boxed{}$

$6 + \boxed{} + \boxed{} = \boxed{}$

$5 + 8 = \boxed{}$

$5 + \boxed{} + \boxed{} = \boxed{}$

$4 + 8 = \boxed{}$

$\boxed{} + \boxed{} + \boxed{} = \boxed{}$

❸ Nahe an der 10:

$5 + 9 = \boxed{}$

$\boxed{5} ⊕ \boxed{10} ⊖ \boxed{1} = \boxed{}$

$6 + 9 = \boxed{}$

$\boxed{6} ⊕ \boxed{10} ⊖ \boxed{} = \boxed{}$

$8 + 9 = \boxed{}$

$\boxed{8} ○ \boxed{} ○ \boxed{} = \boxed{}$

$7 + 9 = \boxed{}$

$\boxed{7} ⊕ \boxed{10} ⊖ \boxed{} = \boxed{}$

$9 + 4 = \boxed{}$

$\boxed{10} ⊕ \boxed{4} ⊖ \boxed{} = \boxed{}$

$9 + 3 = \boxed{}$

$\boxed{10} ○ \boxed{} ○ \boxed{} = \boxed{}$

❹ Rechne auf deinem Weg. Löse die Geheimschrift.

$6 + 8 = \boxed{14}\ \boxed{Z}$

$14 + 4 = \boxed{}\ \boxed{}$

$7 + 6 = \boxed{}\ \boxed{}$

$13 + 6 = \boxed{}\ \boxed{}$

$5 + 6 = \boxed{}\ \boxed{}$

$7 + 9 = \boxed{}\ \boxed{}$

$7 + 5 = \boxed{}\ \boxed{}$

$4 + 12 = \boxed{}\ \boxed{}$

$8 + 7 = \boxed{}\ \boxed{}$

$9 + 8 = \boxed{}\ \boxed{}$

$4 + 5 = \boxed{}\ \boxed{}$

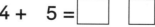

9 = K	10 = W	11 = E	12 = T	13 = U	14 = Z	15 = I	16 = R	17 = C	18 = A	19 = B	20 = D

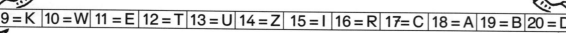

❶ Zur 10 und dann weiter:

13 − 8 = ☐   12 − 7 = ☐   15 − 6 = ☐

$\boxed{13} ⊖ \boxed{3} ⊖ \boxed{5}$ = ☐ $\boxed{12} ⊖ \boxed{2} ⊖ $☐ = ☐   ☐ ○ ☐ ○ ☐ = ☐

17 − 9 = ☐   14 − 8 = ☐   16 − 9 = ☐

☐ ○ ☐ ○ ☐ = ☐   ☐ ○ ☐ ○ ☐ = ☐   ☐ ○ ☐ ○ ☐ = ☐

❷ Die Hälfte kann dir helfen. Finde je 2 Aufgaben.

16 − 8 = ☐   14 − 7 = ☐   18 − 9 = ☐   12 − 6 = ☐

$\boxed{17} - \boxed{8}$ = ☐ $\boxed{15} - \boxed{7}$ = ☐   ☐ − ☐ = ☐   ☐ − ☐ = ☐

$\boxed{15} - \boxed{8}$ = ☐ $\boxed{13} - $☐ = ☐   ☐ − ☐ = ☐   ☐ − ☐ = ☐

❸ Nahe an der 10:

13 − 9 = ☐   15 − 9 = ☐   14 − 9 = ☐

$\boxed{13} ⊖ \boxed{10} ⊕ \boxed{1}$ = ☐ $\boxed{15} ⊖ \boxed{10} ○ $☐ = ☐   ☐ ○ ☐ ○ ☐ = ☐

16 − 9 = ☐   12 − 9 = ☐   17 − 9 = ☐

☐ ○ ☐ ○ ☐ = ☐   ☐ ○ ☐ ○ ☐ = ☐   ☐ ○ ☐ ○ ☐ = ☐

❹ Rechne auf deinem Weg. Löse die Geheimschrift.

16 − 9 = $\boxed{7}$ $\boxed{R}$ 12 − 6 = ☐ ☐   16 − 12 = ☐ ☐

14 − 8 = ☐ ☐   15 − 10 = ☐ ☐   15 − 6 = ☐ ☐

13 − 4 = ☐ ☐   12 − 9 = ☐ ☐   11 − 9 = ☐ ☐

17 − 9 = ☐ ☐   13 − 6 = ☐ ☐ $\boxed{!}$

0 = Z	1 = D	2 = K	3 = T	4 = I	5 = N	6 = E	7 = R	8 = H	9 = C	10 = A	11 = M

Zahlenzauber
©Oldenbourg

❶ Wie viele Murmeln waren im Sack?

Ich habe
einige Murmeln
im Sack.
Ich nehme 5 Murmeln
heraus.
Jetzt habe ich
15 Murmeln.

Ich habe
einige Murmeln
im Sack.
Ich gebe 10 Murmeln
dazu.
Jetzt habe ich
19 Murmeln.

Ich habe
einige Murmeln
im Sack.
Ich nehme 7 Murmeln
heraus.
Jetzt habe ich
12 Murmeln.

R.: $\boxed{} - 5 = 15$

R.: $\boxed{} + 10$

R.:

❷

$\boxed{} + 3 = 8$ $\boxed{} - 9 = 11$ $\boxed{} - 2 = 11$

$\boxed{} + 5 = 12$ $\boxed{} - 3 = 15$ $\boxed{} + 5 = 15$

$\boxed{} + 7 = 14$ $\boxed{} - 12 = 6$ $\boxed{} - 4 = 7$

5	18	10
7	18	11
7	20	13

❸ Was hat der Zauberer getan?

Es sind
18 Murmeln
im Sack.
Simsalabim!
Nun sind es
11 Murmeln.

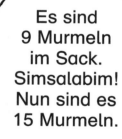

Es sind
9 Murmeln
im Sack.
Simsalabim!
Nun sind es
15 Murmeln.

Es sind
20 Murmeln
im Sack.
Simsalabim!
Nun sind es
14 Murmeln.

R.: $18 - \boxed{} = 11$

R.: $9 + \boxed{}$

R.:

❹

$2 + \boxed{} = 9$ $13 - \boxed{} = 8$ $20 - \boxed{} = 7$

$3 + \boxed{} = 11$ $15 - \boxed{} = 12$ $17 + \boxed{} = 20$

$4 + \boxed{} = 12$ $17 - \boxed{} = 9$ $20 - \boxed{} = 3$

7	3	3
8	5	13
8	8	17

❶ Trage die fehlenden Zahlen ein.

| 1 | 2 | | | | | | | 10 | 11 | | | | | 16 |

❷ Einfache Rechenrätsel:

Meine Zahl liegt
zwischen 8
und 10.

Wie heißt sie? ☐

Meine Zahl ist
das Doppelte
von 8.

Wie heißt sie? ☐

Meine Zahl hat
als Nachbarzahlen
13 und 15.

Wie heißt sie? ☐

❸ Zielzahl gesucht:

Ich stehe auf der Zahl 15
und springe 3 Felder
weiter.

Ich stehe auf der Zahl 16
und springe 8 Felder
zurück.

❹ Startzahl gesucht:

Ich starte auf einer Zahl.
Wenn ich 3 Felder weiter
hüpfe, lande ich auf der
Zahl 20.

Ich starte auf einer Zahl.
Wenn ich 5 Felder zurück
hüpfe, komme ich auf die
Zahl 9.

❺ Sprung gesucht:

Ich stehe auf der Zahl 16.
Jetzt springe ich einige
Felder vor und lande auf
der Zahl 20.

Ich stehe auf der Zahl 11.
Jetzt springe ich einige
Felder zurück und lande auf
der Zahl 7.

Kennst du die Uhr?

❶ Wie spät ist es?

| 5 Uhr | Uhr | Uhr | Uhr | Uhr | Uhr |
| 17 Uhr | Uhr | Uhr | Uhr | Uhr | Uhr |

| Uhr | Uhr | Uhr | Uhr | Uhr | Uhr |
| Uhr | Uhr | Uhr | Uhr | Uhr | Uhr |

❷ Zeichne die Zeiger ein: Stundenzeiger blau, Minutenzeiger rot.

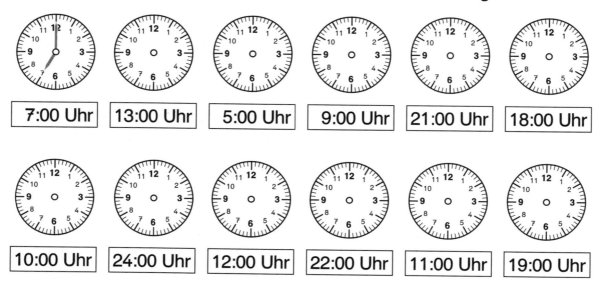

| 7:00 Uhr | 13:00 Uhr | 5:00 Uhr | 9:00 Uhr | 21:00 Uhr | 18:00 Uhr |

| 10:00 Uhr | 24:00 Uhr | 12:00 Uhr | 22:00 Uhr | 11:00 Uhr | 19:00 Uhr |

❸ Was dauert ungefähr … ?

1 h	die Pause
15 min	Wir singen: „Alle Vögel sind schon da".
1 min	einen Bleistift spitzen
10 s	ein spannender Kinderfilm

❹ Schaffst du das in … ?

10 s	100 m laufen	Ja	Nein
1 min	das ABC aufsagen	Ja	Nein
15 min	die Hausaufgaben machen	Ja	Nein
1 h	100 Rechen- aufgaben lösen	Ja	Nein

❶

2	4	6

4	3	2

10	1	4

12	3	0

❷

	20	
17		
16		

	18	
14		
11		

	17	
9		
	5	

	15	
7		
	3	

	8	
4	7	

	10	
5	2	

7	10	
	5	

11	9	
4		

	18	
	7	2

	20	
6	4	

	16	
	0	3

	12	
2		2

❸ Falsche Mauern: Tausche immer einen Stein aus.

10		13

9

2

	~~12~~	
5	8	
2	3	5

	18	
11	8	
7	3	5

	17	
8	8	
4	4	5

	18	
10	8	
4	6	1

❹ Große Mauern:

		19		
	15			
		3		
10	2			

6	1	1	2

12	8		
	6		
		1	

Baue selbst

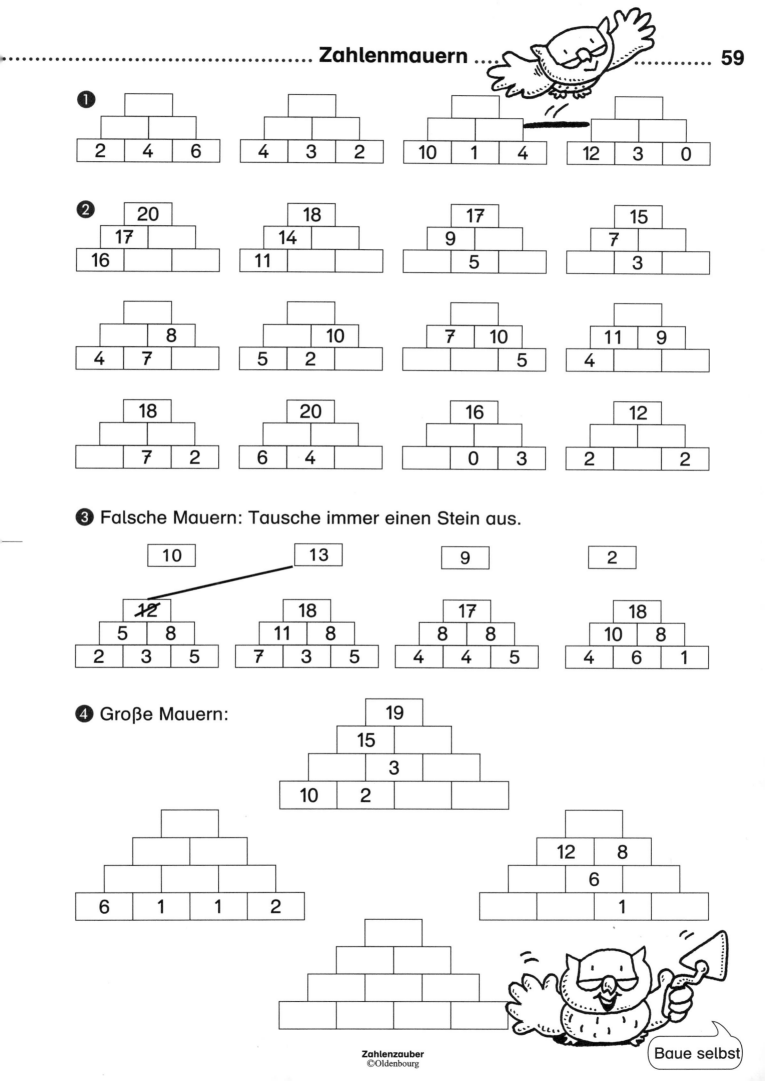

❶ Welche 4 Aufgaben kannst du mit diesen Karten bilden?

| 13 | 5 | 8 | | 2 | 11 | 9 | | 7 | 16 | 9 |

$5 \oplus 8 = \square$

$\square \bigcirc \square = \square$

$\square \bigcirc \square = \square$

$\square \bigcirc \square = \square$

$\square \bigcirc \square = \square$

$\square \bigcirc \square = \square$

$\square \bigcirc \square = \square$

$\square \bigcirc \square = \square$

$\square \bigcirc \square = \square$

$\square \bigcirc \square = \square$

$\square \bigcirc \square = \square$

$\square \bigcirc \square = \square$

❷ Finde 2 Möglichkeiten für die 3. Zahl.

| 13 | 7 | | 13 | 7 | | 9 | 8 | | 9 | 8 | |

| 12 | 5 | | | 12 | 5 | | | 6 | 9 | | | 6 | 9 |

❸ 3 Karten – 2 Aufgaben:
Wähle die Karten so, dass es nur 2 Aufgaben gibt.

| 7 | 14 | |
| | 6 | 12 |

$7 \oplus \square = \square$ $\square \bigcirc \square = \square$

$\square \bigcirc \square = \square$ $\square \bigcirc \square = \square$

❹ Zahlenfolgen: Wie geht es weiter?

| 0 | 2 | 4 | | | | | 4 | 7 | 10 | | | |

| 19 | 15 | 11 | | | | | 17 | 15 | 13 | | | |

❺ Du hast 9 Karten: Lege 3 Aufgaben.
Verwende dabei jede Karte nur einmal! Schreibe die Aufgaben auf.

| 2 | 3 | 5 | 6 | ~~7~~ | 8 | 9 | ~~12~~ | ~~14~~ |

$\square \bigcirc \square = 7$ $\square \bigcirc \square = 12$ $\square \bigcirc \square = 14$

❶ Zahlenmauern:

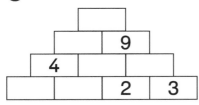

Mauer 1:
	9
4	
	2	3

Mauer 2:
5	2
4	2

Mauer 3:
| 20 |
| | 16 |
| 3 |
| 1 |

❷ Zahlenfolgen: Wie geht es weiter?

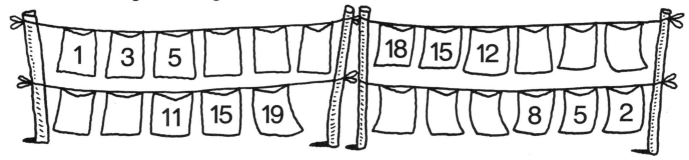

1 3 5 ☐ ☐ ☐

☐ ☐ 11 15 19

18 15 12 ☐ ☐ ☐

☐ ☐ 8 5 2

❸ Zahlenrätsel:

8 ist das Doppelte von ☐ .   9 ist um 6 kleiner als ☐ .

12 ist um 5 größer als ☐ .   5 ist die Hälfte von ☐ .

18 ist um 2 kleiner als ☐ .   16 ist um 7 größer als ☐ .

❹ Verschiedene Rechenwege:
Findest du zwei verschiedene Wege?

9 + 5 = ☐   7 + 8 = ☐   14 - 9 = ☐   11 - 6 = ☐

_____   _____   _____   _____

_____   _____   _____   _____

❺ Tausch- und Umkehraufgaben:

Tausch-aufgabe	Aufgabe	Umkehr-aufgabe
6 + 7 = 13	7 + 6 = ☐	13 − 6 = 7
	12 + 5 = ☐	
	9 + 7 = ☐	
	6 + 13 = ☐	
	8 + 8 = ☐	
	4 + 8 = ☐	

Tausch-aufgabe	Aufgabe	Umkehr-aufgabe
	9 + 8 = ☐	
		16 − 5 = ☐
5 + 6 = ☐		
	8 + 6 = ☐	
14 + 5 = ☐		
		20 − 7 = ☐

❶ Was entsteht, wenn du immer 2 Punkte verbindest?

Quadrat   Rechteck   Dreieck

Verbinde jetzt die Punkte.

Vermute und zeichne.

		Richtig vermutet?
	2	☐ Ja ☐ Nein
		Richtig vermutet? ☐ Ja ☐ Nein
		Richtig vermutet? ☐ Ja ☐ Nein
		Richtig vermutet? ☐ Ja ☐ Nein

❷ Welche zwei Puzzle-Teile ergeben miteinander ein Quadrat? Male sie in der gleichen Farbe aus.

❶ Gleiche Zeichen stehen für die gleiche Zahl.

$4 + \heartsuit = \text{🍎}$ $5 + \text{☀} = \triangledown$ $\triangledown - 2 = \heartsuit$

$12 - \text{☀} = 8$ $\triangledown + 7 = \star$ $\star - 5 = \text{🍎}$

❷ Zahl gesucht!
Tipp: Streiche die Luftballons durch, die es nicht sein können!

Meine Zahl ist gerade.
Verdopple ich meine Zahl, so ist das Ergebnis größer als 5.
Halbiere ich meine Zahl, so ist das Ergebnis kleiner als 4.
Wenn du zu meiner Zahl 4 dazuzählst, erhältst du eine zweistellige Zahl.

❸ Schwarzes Schaf! Welche Zahl passt nicht dazu?

❹ Geheimschrift:

$4 + \boxed{7} = 11$ $\boxed{Z}$ $8 + 7 = \Box\ \Box$

$\Box + 8 = 13$ $\Box$ $14 - \Box = 5$ $\Box$ $5 + \Box = 17$ $\Box$

$9 + 7 = \Box$ $\Box$ $\Box + 6 = 20$ $\Box$ $15 - \Box = 6$ $\Box$

$16 - \Box = 8$ $\Box$ $12 - \Box = 5$ $\Box$ $14 - 8 = \Box$ $\Box$

$\Box - 3 = 2$ $\Box$

| A = 5 | B = 12 | E = 9 | F = 10 | H = 16 | K = 3 | L = 8 | M = 11 | N = 14 | R = 6 | U = 15 | Z = 7 |

Die europäische Währung Euro
wird in diesem Werk mit € abgekürzt.

Das Papier ist aus chlorfrei gebleichtem
Zellstoff hergestellt, ist säurefrei und
recyclingfähig.

© 2001 Oldenbourg Schulbuchverlag GmbH, München
www.oldenbourg-bsv.de

Das Werk und seine Teile sind urheberrechtlich geschützt. Jede Verwertung
in anderen als den gesetzlich zugelassenen Fällen bedarf deshalb
der Einwilligung des Verlags.

1. Auflage 2001 R E
Druck 06 05 04 03 02

Die letzte Zahl bezeichnet das Jahr des Drucks.
Alle Drucke dieser Auflage sind untereinander unverändert
und im Unterricht nebeneinander verwendbar.

Umschlagskonzept: Mendell & Oberer, München
Umschlag: Mathias Hütter, Schwäbisch Gmünd
Lektorat: Udo Roos, Christine Wagner
Gesamtherstellung: Tutte Druckerei GmbH, Salzweg bei Passau

ISBN 3-486-12211-8